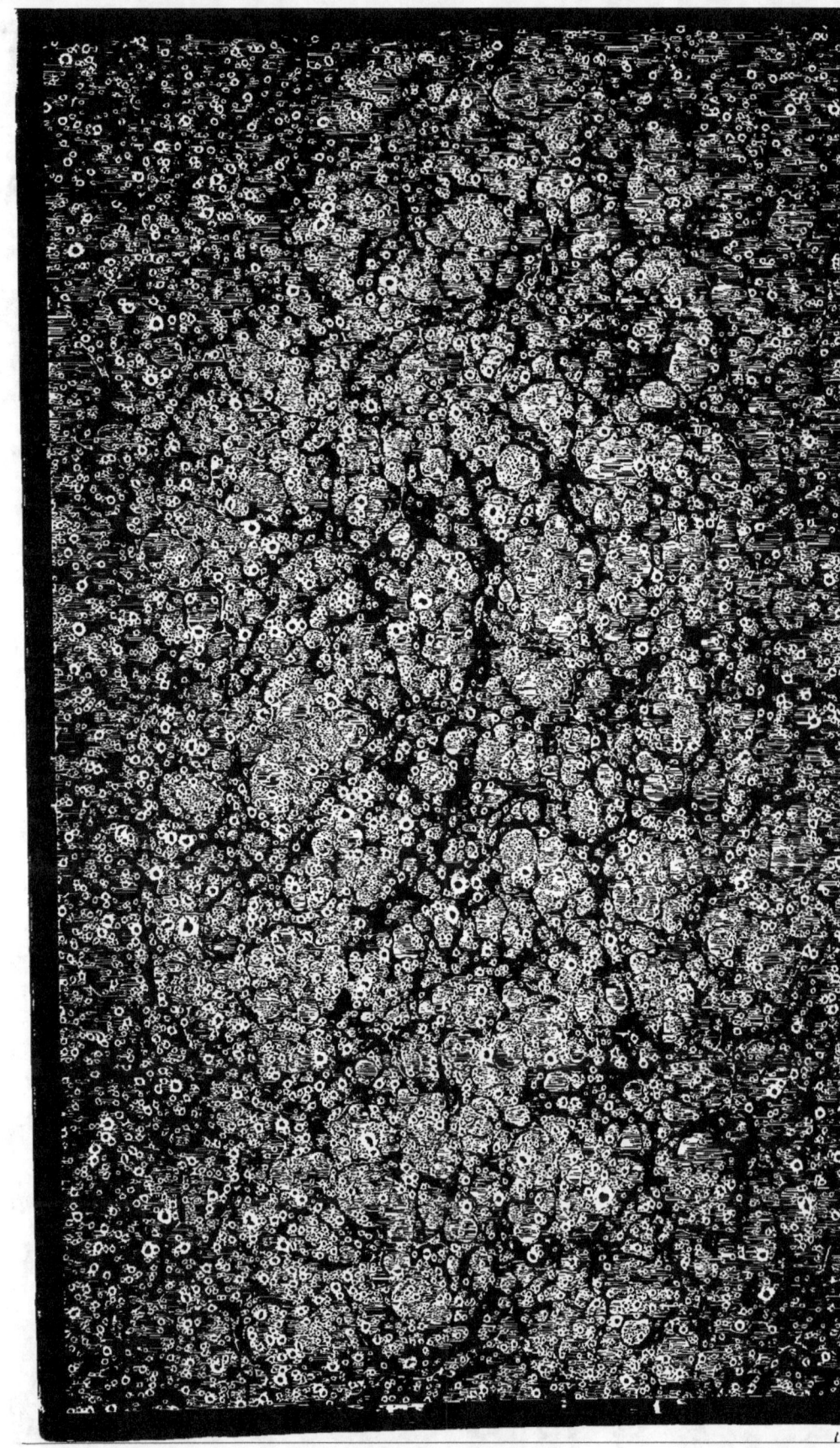

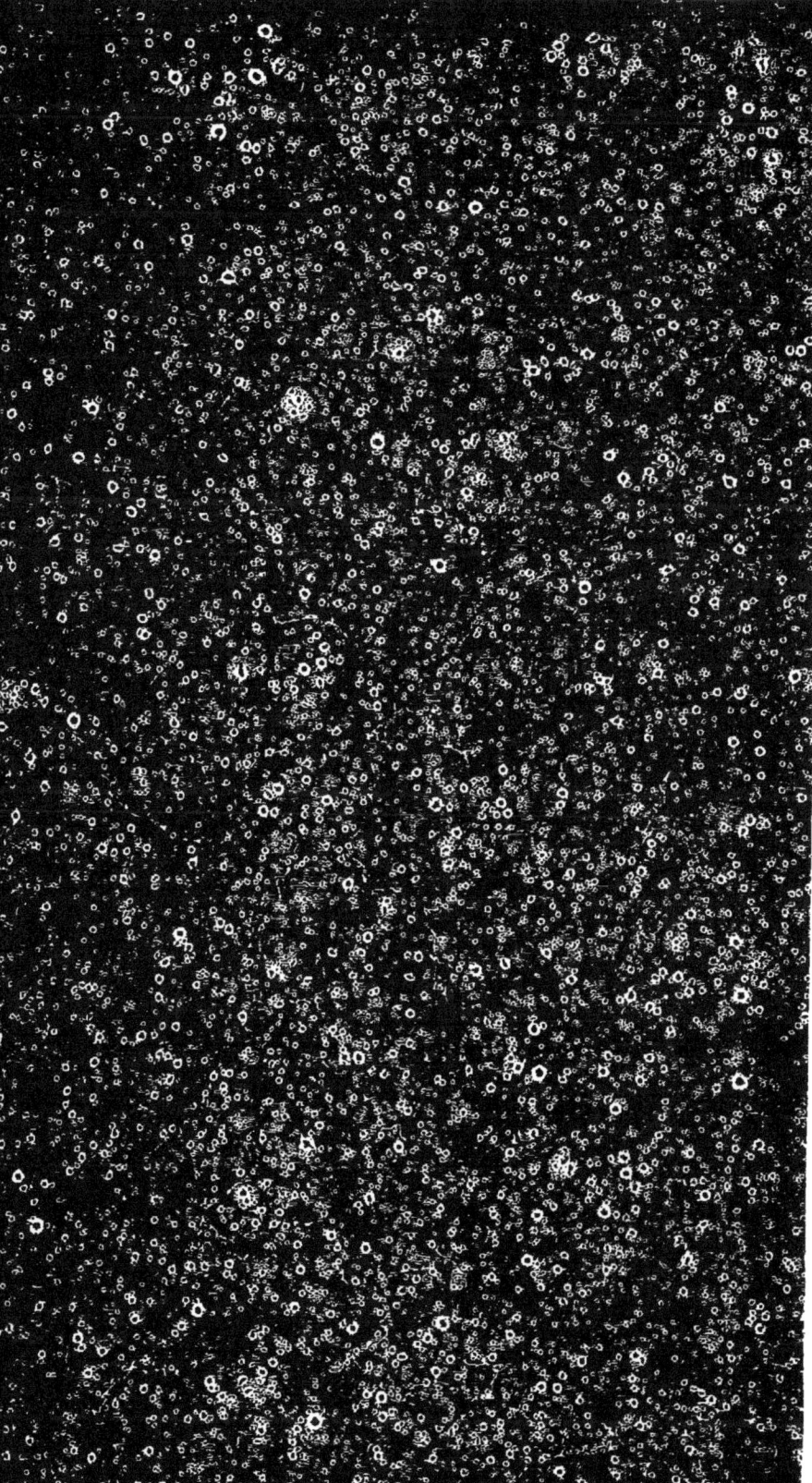

Ђ 924-25

MÉMOIRES

DE

CANDIDE.

MÉMOIRES
DE
CANDIDE,

SUR LA LIBERTÉ DE LA PRESSE,
LA PAIX GÉNÉRALE,
LES FONDEMENS DE L'ORDRE SOCIAL,
ET D'AUTRES BAGATELLES;

PAR LE DOCTEUR
EMMANUEL RALPH:

OUVRAGE traduit de l'Allemand, sur la troisième Édition.

A ALTONA,
Et se trouve à Paris, à Londres, à Rome
et à Pétersbourg.

L'AN DE GRACE 1802.

PRÉLIMINAIRES
DE L'ÉDITEUR FRANÇAIS.

Béni soit le Dieu du goût, qui ramène un moment dans Paris, avec Candide, cette antique gaieté Française, avec laquelle nos aïeux émoussaient la pointe du poignard révolutionnaire, lorsque la Nation n'était pas assez sage pour se passer de Révolution.

Je remercie le Dieu du goût, parce que sans lui, un Peuple qui s'honore d'un siecle de lumieres, n'a point de gaieté : l'urbanité, les graces dans la diction, la finesse dans l'ironie, sont le cachet de cette gaieté par excellence. Athènes n'était point gaie, quand ses Orateurs, vendus aux Quatre Cents, distillaient le fiel révolutionnaire de leur plume d'Archiloque : Paris ne l'était pas en 1792, lorsque les feuilles cyniques du père Duchesne faisaient rire une populace de cannibales autour de l'échafaud de Louis XVI.

La France toute entière accueillit Candide en 1760 : c'était un beau jeune homme, étonné de tout, justifiant tout et dupe de tout. On aime ces caractères, principalement dans les grandes Villes, quand par hasard on en rencontre. Les hommes de bonne compagnie, regardaient l'étranger comme une médaille vivante de l'ancien monde; les femmes se plaisaient à mettre à l'essai son ingénuité touchante ; il étonnait un sexe, il captivait l'autre ; c'était un moyen sûr d'appeler par-tout l'hospitalité.

D'ailleurs, à cette époque où la France, à l'abri des tempêtes politiques, n'exerçant son activité inquiète que sur une Compagnie de Jesus, ou sur une Bulle *Unigenitus*, gouvernait en paix l'Europe avec les débris de son siècle de Louis XIV ; tout ce qui tenait par quelque point à une nature neuve, devait avoir l'assentiment, même des êtres à nature décrépite et dégénérée : on raisonne toujours bien, quand on respire sous un ciel sans orages, et il n'y a pas de meilleur moyen de conserver la logique des Peuples, que de les rendre heureux.

Ajoutons que Candide, à ce premier avénement en France, pouvait se glorifier, parmi les gens de lettres, d'avoir pour père le Docteur Athanase Ralph, le premier Philosophe de l'Allemagne, après l'inventeur des Monades, et pour Mécène, Voltaire, le plus beau génie de l'Europe, et sur-tout le plus facétieux, puisqu'il s'amusa à mettre l'Histoire en tableaux satyriques, et la Religion en épigrammes.

Il s'en faut bien que le Candide de 1800, ait autant d'avantages que le Candide de 1760 : quarante ans de plus, dans l'âge de cet Alcibiade de la Westphalie, diminuent singuliérement l'intérêt que ses amours ont fait naître : l'imagination se prête avec peine à voir la sensibilité en cheveux blancs ; et les Cunégondes de nos Capitales ne veulent pas même de barbe aux Candide dont elles veulent mettre à l'épreuve l'ingénuité.

Il faut tout dire ; le Docteur Emmanuel Ralph, qui nous gratifie aujourd'hui des nouveaux Mémoires de Candide, n'a pas fait ses preuves de génie, comme le Docteur Athanase Ralph, son oncle, qui introduisit le premier dans le monde le charmant élève de Pangloss : cet Athanase remplissait de son nom les Universités de Tubinge et d'Iena, composait tous les ans des brochures savantes qu'on vendait avec l'Almanach de Liége et les Romans du jour, à la foire de Leipsick ; et s'il n'était pas mort à Minden, il y a quarante ans, il aurait, en occupant seul toutes les bouches de la Renommée, étouffé dans son germe le génie de Kant, et privé ainsi le monde des rêveries scientifiques, mais un peu indigestes, du Descartes de l'Ontologie.

Or, savez-vous comment s'y est pris Emmanuel pour n'être pas trop écrasé par la gloire d'Athanase ? Il n'a pas voulu que le Candide de 1800 fût éternellement facétieux comme le Candide de 1760 ; il a imaginé des points de repos entre les joyeuses aventures de son voyageur ; et ces intervalles, il les a remplis par des dissertations académiques, qui visent à être profondes : par ce moyen, il se forme un petit patrimoine de renommée tout à fait indépendant. Il est à-la-fois penseur et épigrammatique, et s'il ne manie pas l'arme de l'ironie avec autant de finesse que son oncle Athanase, il s'en consolera par l'espoir d'être un jour au-dessus de lui dans le Panthéon des Idéologues.

Les morceaux *pensés* du Livre d'Emmanuel, dont il n'existe aucun modèle dans les Livres *épigrammatiques* d'Athanase, sont sur-tout les Homélies philosophiques sur la liberté de la Presse et sur la Paix générale de l'Europe.

Je ne sais si en ma qualité d'Editeur, je ne me fais pas un peu illusion sur le mérite de l'ouvrage que je publie ; mais je ne crois pas qu'il existe en Europe aucun livre, où la question de la liberté de la Presse s'est présentée sous un plus grand nombre de faces, où elle soit discutée avec plus de profondeur : il me semble qu'il n'est pas facile, à cet égard, de résister à la logique serrée et vigoureuse de Candide : c'est un Chevalier de la Table-Ronde, armé de toutes pièces, qui peut défier sans péril, comme sans gloire, les corps nus et sans muscles d'une légion d'esclaves.

Le problème de la Paix universelle n'offrait pas à la géométrie de Candide autant de données pour le résoudre ; car ici la Diplomatie est sans cesse en contradiction avec les Puissances qui font les destinées du Monde : la

Diplomatie présente des principes, et les Puissances opposent des faits : or, les principes posés par la raison, ne s'accordent pas plus avec les faits amenés par la force, qu'Oromase et Arimane dans la Cosmogonie de Zoroastre.

Platon, qui fait des *Républiques*, Morus, qui écrit des *Utopies*, un Diplomate, qui rêve dans son cabinet sur le bonheur du Monde, sont tous des fabricateurs de bulles de savon; pendant que les enfans qui sont gouvernés admirent, les hommes forts qui gouvernent soufflent sur cette architecture brillante et légère, et tout disparaît.

Si les principes gouvernaient la terre, les Rois, soit héréditaires, soit amovibles, ne seraient pour elle qu'un objet de luxe; elle serait en paix, elle serait heureuse, par la seule force de son pacte social.

Cependant, quoique l'Art de négocier entre les Souverains semble aussi arbitraire que celui d'interpréter les hyérogliphes, quoique l'équilibre du Monde social ne se maintienne qu'à la façon de Brennus, en mettant d'un côté la Paix et de l'autre une épée dans les bassins de la balance, il n'est pas tout à fait déraisonnable qu'on écrive des Romans philosophiques sur la pacification de l'Europe, et qu'on donne avec les principes une base à la Diplomatie.

Ces principes, ces romans, sont des especes de fanaux, placés de loin

PRÉLIMINAIRES. xv

en loin sur des pointes de rocher, dans des mers orageuses : on ne les cherche point quand le ciel est calme et que le Pilote peut estimer sa route; mais si la tempête se déclare, si les vagues et les courans font dévier le navire fracassé et entr'ouvert, alors on tente de reconnaître son erreur par les fanaux, on se fait jour au travers des écueils qu'on avait imprudemment bravés, et lors même que le gouvernail échappe, on recule son naufrage.

Ces fanaux diplomatiques, dont la puissance se moque, sont quelquefois utiles, même à la puissance. Car enfin, ces jeux de Cabinet, qu'on appelle des Traités, sont de la nature la plus fragile; ils n'ont que la durée du caprice dominateur qui les a fait naître : du moment qu'ils se dénouent, il faut bien les rattacher à la chaîne des principes : c'est l'unique moyen de se réconcilier un peu avec l'opinion publique, quand à des guerres sanglantes, on ne fait succéder que des paix éphémères; quand un Etat, appauvri par ses défaites, et quelquefois même par ses victoires, n'ayant pas le tems de réparer ses principes de vie, court le risque de se briser contre la ligue de l'Europe.

Les fanaux de la Diplomatie sont d'autant moins à dédaigner, que, dans les vicissitudes sanglantes des Etats, les faibles tour-à-tour deviennent forts et les forts deviennent faibles : or, quel est l'appui de la faiblesse, contre la la force qui menace de tout envahir ? Ne sont-ce pas les principes ? Si ceux-ci sont bannis, même de la langue des Négociateurs, comment empêcher que le Globe ne soit un jour comme nos plaines révolutionnées de la Vendée, qui n'offrent qu'un *amas de décombres, cimentés du sang des hommes ?*

Peuples qui errez de gouvernement en gouvernement, sans savoir où reposer votre pacte social, tournez de tems en tems vos regards vers les fanaux des principes : Souverains des Peuples libres ou non libres, qui vous jouez de toutes les destinées humaines, sans songer que les vôtres ont les mêmes vicissitudes, contentez-vous de ne pas voir ces fanaux, mais ne les éteignez pas.

Je crois avoir justifié Emmanuel Ralph, par le bon esprit qui dirige ses vertueuses hardiesses : mais, tout Editeur, tout Commentateur que je suis, je ne prétends pas faire l'apologie de toutes les petites erreurs de détail qui peuvent lui avoir échappé : n'oublions pas que le Docteur est un bon Allemand, moins accoutumé à vivre avec des Diplomates, qu'avec les Grotius et les Puffendorff de sa bibliothèque. J'aurais bien pu rectifier ses minces inadvertances ; mais alors le vernis précieux d'originalité qui le distingue serait perdu : il en est d'un homme à qui on suppose du génie, comme d'une médaille antique, à qui on ôte son prix dès qu'on touche à son empreinte.

Emmanuel en particulier, semble douter que le traité de Lunéville ait la durée de celui de Westphalie : abandonnons Emmanuel à sa vertueuse misanthropie ; plaignons, en bons Français, Emmanuel de ne croire ni au talent ni à la fortune, mais ne corrigeons pas son ouvrage.

Nous avons en France un Napoléon, bien supérieur à tous les Emmanuel de l'Allemagne, et même à tous ses Athanase, qui après avoir rempli le Monde de ses exploits militaires, aspire à la gloire plus grande encore de le pacifier. Ce Napoléon, comme César son modèle, ne sait rien faire à demi : il a jeté au travers des discordes, des haines et des rivalités, son traité de Lunéville, et il le maintiendra, parce que l'Europe tremble, et qu'il s'appelle Napoléon.

VIE DU DOCTEUR *ATHANASE RALPH*, PREMIER HISTORIEN DE CANDIDE.

PAR L'ÉDITEUR FRANÇAIS.

EMMANUEL RALPH, Auteur des Mémoires publiés aujourd'hui, jouit en paix de sa gloire dans sa petite Université de Westphalie, et comme il n'a point l'honneur d'être Prince, je n'ai pas le droit de le louer de son vivant : cependant la curiosité publique ne serait point satisfaite, si je ne donnais pas à la France quelques détails historiques sur cette famille Ralph, qui partage avec la famille Kant, le privilége d'occuper toutes les plumes oisives des Cercles de l'Allemagne : alors j'ai cru devoir choisir pour mon Héros cet Athanase, qui le premier a mis sur la scène l'amant ingénu de Cunégonde, et l'a conduit avec un fil vraiment dramatique, de faiblesse en faiblesse et d'infortune en infortune, depuis le fatal baiser donné derrière un paravent, jusqu'à ce que, dégoûté, non de la nature, mais des hommes, il vint jouir de soi-même dans un modeste jardin des bords de la Propontide.

Athanase Ralph naquit dans une ferme du château de Thunder-ten-Trunck, en Westphalie, l'an 1680 : c'était l'avénement de la fameuse comète, qui fit déraisonner tant de têtes pensantes en Europe, jusqu'à celle du fameux Bayle. La Baronne, élevée dans le Chapitre Noble, le plus superstitieux des Cercles, appréhendant que l'astre nouveau ne vînt, avec sa queue flamboyante, embraser le château de son époux, le quitta un soir, et se mit à fuir dans son chariot

Hongrois, jusqu'à ce qu'elle se crût hors de la portée de son influence : mais comme, à chaque station que faisait la voiture, elle retrouvait toujours la comète fatale sur sa tête, elle se détermina, après trois semaines de cette vie errante, à retourner dans ses foyers. Elle devait tenir sur les fonds Athanase ; celui-ci atteint, quelques heures après sa naissance, de convulsions violentes, fut sur le point de mourir sans baptême, ce qui aurait infailliblement attiré, de la part des Théologiens de la ferme, quelques malédictions pieuses, soit à la Baronne, soit à la comète.

Athanase, à vingt-cinq ans, se fit Abbé ; c'était l'état de ceux qui n'en avaient point : les Ministres des Autels le trouvaient très-instruit, la Baronne, ce qui était bien plus utile, le trouva d'une très-belle figure, et il devint Aumônier du château.

Un Aumônier de vingt-cinq ans, qui n'a qu'une messe à dire par jour, et la confession d'une femme surannée à entendre par semaine, trouve les entr'actes bien longs dans la comédie de la vie. Athanase s'était fait donner la surintendance d'une Bibliothèque, confinée, avec des titres de noblesse et de vieilles armures de Chevalerie, dans un donjon du château : il se fit homme de lettres ; c'était alors un Art honorable en Allemagne, pourvu qu'on n'attaquât aucun préjugé du tems, et que quand on composait un livre chez un Seigneur qui ne savait pas lire, on lui en fit agréer la dédicace.

Le premier ouvrage d'Athanase fut une brochure latine sur le libre arbitre, qui lui fit un grand honneur dans un petit coin de la Westphalie ; il l'envoya à un Electeur de Trèves, qui promit d'en faire la lecture, si son Chapitre n'y trouvait aucune hérésie : le Chapitre se partagea suivant l'usage, quand il s'agit de controverses, et son Altesse, pour ne point compromettre sa foi, ne lut pas la brochure.

Le savant Fréret voyageait à cette époque en Allemagne ; Fréret, jeune encore, et dans toute la ferveur de son incrédulité naissante : il fut invité à dîner au château de Tunder-ten-Trunck ; interrogé par le Baron sur le livre de l'Aumônier, il n'y a qu'une petite difficulté, dit-il, c'est que le libre arbitre est une chimère de la métaphysique : l'être intelligent qui raisonne est toujours déterminé par une cause, et puisque cette cause a nécessairement un effet, la liberté dans l'homme désigne moins un des attributs de sa nature, qu'une des chimères de son orgueil.

Le Docteur Ralph, bien étonné, se recueillit,

et commença à douter de tout ce qu'on lui avait appris à l'école du grand Leibnitz; cependant il ne pouvait se résoudre à croire que l'entendement humain combine des idées, comme une horloge sonne des heures, et l'excès du scepticisme lui en offrait l'antidote. Mais, dans l'embarras où il se trouvait de répondre aux subtilités de la métaphysique, il donna une autre direction à sa théorie : ce ne fut plus le libre arbitre qui occupa sa plume, ce fut la liberté politique : du moins, dit-il, celle-là ne me sera pas contestée; son existence est d'autant plus certaine, qu'elle émane de la raison des Lois, et que c'est un bienfait, non de la nature, mais du pacte social.

Le livre terminé, Athanase sourit un moment sur la supériorité de sa logique, et envoya son volume, décoré d'une approbation de quatre Facultés, au Président de Montesquieu.

Le Président n'avait encore fait que les Lettres Persannes; mais l'Esprit des Lois était en germe dans sa tête, et personne en Europe n'était plus en état que lui d'apprécier l'ouvrage d'Athanase : il lui écrivit la lettre suivante, qu'on chercherait en vain dans le recueil, assez insipide, que l'Abbé Comte de Guasco nous a donné des lettres familières de ce grand Homme :

« J'ai lu, mon cher Docteur, votre
» nouveau livre, dont le mérite m'a frappé
» malgré l'approbation de tant de têtes four-
» rées d'hermine, qui le déshonorent : j'aime
» beaucoup que vous plaidiez la cause des
» Peuples contre les Rois : cette cause,
» d'une multitude éternellement en minorité,
» est toujours gagnée au tribunal de l'opi-

» nion publique ; malheureusement il faut
» la plaider auprès des Rois mêmes, et
» ceux-ci ne prononcent jamais.

» Vous le dirai-je encore ? la liberté
» politique, bien analysée, est une fable
» convenue, imaginée par les hommes qui
» gouvernent, pour endormir la surveillance
» des gouvernés : c'est avec ce mot de
» liberté politique, qu'on apprivoise les Na-
» tions au joug ; c'est en leur disant, dans
» le préambule des Arrêts de Conseil,
» qu'elles sont libres de droit, que, de fait,
» on les retient esclaves.

» Pour qu'il y eût un vrai Peuple libre,
» il faudrait que les gouvernés fussent des
» Sages et que les gouvernans fussent des
» Dieux.

» Vous êtes, mon cher Docteur, du

» nombre des Sages, mais ne songez pas
» plus, que les bons Empereurs de Rome,
» à être, de votre vivant, du nombre des
» Dieux. »

Cette lettre donna encore une nouvelle direction à la philanthropie d'Athanase : il se renferma plus que jamais dans sa Bibliothèque, et au bout d'un an, il parut de lui, à Altona, un robuste in-4.° sur la liberté de penser, qui eut un succès prodigieux à l'Académie d'Iena, au Synode catholique de Thunder-ten-Trunck et à la foire de Leipsick.

Fontenelle, qui était en correspondance littéraire avec Athanase, reçut l'in-4.° à grandes marges, et lui envoya en échange la feuille exiguë de son petit conte irréligieux de *Mero et Enégu* : il avait fait écrire sur le verso du frontispice, par une main étrangère, (car sa timide incrédulité n'osait se compromettre) ces petits paragraphes :

« L'homme n'est vraiment libre que par
» sa pensée ; car il échappe par elle à tous
» les despotismes.

» L'Être fort ne comprend pas la pensée
» de l'Être faible ; car il croit que tout ré-
» side dans la force : le tyran devine la
» pensée de sa victime, mais il ne l'atteint
» jamais.

» Ainsi l'homme qui pense ne reconnaît
» aucun maître dans toute l'étendue de son
» entendement ; il y exercerait une souve-
» raineté absolue, s'il y trouvait des sujets;
» il serait Monarque, si le vuide constituait
» une monarchie.

» Malheureusement la pensée perd sa

» toute-puissance, dès qu'elle se manifeste
» dans l'ordre social : son ennemi (et,
» comme l'esprit immonde de l'Evangile,
» il s'appelle *Légion*,) l'attaque sous toutes
» les formes où elle se montre : simple dis-
» cours, il l'empoisonne; tracée sur un
» papier fugitif, il l'accuse devant les Lois
» qu'il a faites; fixée en caractères mobiles
» par l'Art de l'Imprimerie, il en fait un
» délit de lèse-souveraineté.

» Homme social, tu es libre par la pensée;
» mais, surveillé comme tu l'es, sur la
» moitié du Globe, par des Gouvernemens
» inquiets ou pervers, tu ne jouiras de cette
» liberté, dont tu t'énorgueillis, qu'à con-
» dition que tu ne diras rien de profond
» en réformes, que tu n'écriras rien de
» neuf en politique, et que tu n'impri-
» meras rien de courageux sur les Gou-
» vernemens.

Cette critique indirecte de l'ouvrage de Ralph, n'était par faite pour encourager le Docteur : cependant, comme il avait un sens très-droit, il suivit, jusqu'à un certain point, le conseil de Fontenelle ; il continua à faire des livres, car c'était son élément : le cours libre de sa plume était aussi nécessaire à sa main, que le mouvement de la systole et de la diastole à son cœur ; mais il s'entoura prudemment du voile de l'anonyme, et ce voile, entr'ouvert quelquefois par l'amitié, ne paraît pas avoir jamais été déchiré par la malveillance.

Un des ouvages de ce genre, qui lui fera le plus d'honneur auprès des siècles, est une Histoire philosophique, écrite en Allemand, du plus beau monument de Diplomatie, dont l'esprit humain s'honore, depuis la fameuse convention de Gélon avec l'homicide Carthage, du traité de Westphalie. C'est

ATHANASE RALPH. xxxiij

C'est à l'époque de la publication de ce beau livre, qu'Athanase, qui avait déjà vu une seconde génération dans le château de Thunder-ten-Trunck, connut Candide, son instituteur Pangloss, son amante Cunégonde, et qu'il écrivit l'histoire mémorable de leurs aventures.

Il allait proposer un traité à un Libraire de Neufchâtel, pour la vente de ce manuscrit précieux, lorsque, obligé de traverser la plaine sanglante de Minden, le jour où le Maréchal de Contades paya, par une déroute, le bâton de Maréchal de France dont Louis XV l'avait gratifié, il fut arrêté pas des housards de la mort, qui prirent sans doute sa robe de Docteur pour un uniforme ennemi, et égorgé froidement sur le champ de bataille. Ce malheur arriva, comme l'on sait, le 1.ᵉʳ Auguste 1759.

Un de ces housards de la mort, qui tuaient les hommes par désœuvrement, comme Domitien tuait les mouches de son palais, en attendant la signature de ses listes de proscription, prit le manuscrit, qu'il regarda comme des dépêches de la plus haute importance, et le porta au Roi de Prusse, qui l'envoya à Voltaire : celui-ci maria son goût exquis à l'érudition d'Athanase ; et c'est après tant de révolutions, que Candide vint régner gaiement sur la littérature de l'Europe.

Athanase laissa beaucoup de regrets en Allemagne : il était attaché aux Lois de son pays, au Culte de ses pères, faisait le bien sans ostentation, écrivait pour propager les principes, et, déchiré dans des écrits clandestins, par des hommes de Lettres jaloux qu'il avait obligés, se vengea d'eux en mettant lui-même du goût et de la raison dans leurs libelles. — C'était un bon homme.

ATHANASE RALPH.

Athanase, dans ses nombreux écrits, a déchiré bien des voiles sur la nature; il a tenté d'enchaîner l'Europe au bonheur par une seconde paix de Westphalie, il a fait Candide. — Peut-être dira-t-on dans cent ans, qu'il fut un grand Homme.

Cependant on n'ose se flatter que les Bénédictins d'Italie, dans leurs légendes, lui donnent une immortalité pareille à celle du père de l'Eglise Saint Athanase.

Au reste, il faut se consoler de tout, excepté de perdre Cunégonde, quand on s'appelle Candide; de voir tomber sa *correspondance*, quand on écrit en Français à des Russes; et de mourir, avant qu'une révolution soit terminée, quand on a vu traîner à l'échafaud un Louis XVI.

MÉMOIRES

DE

CANDIDE,

PAR LE DOCTEUR

EMMANUEL RALPH.

DÉDICACE
AUX PARISIENS.

PEUPLE, long-tems léger avec goût, sensible dans la frivolité, et plus heureux, sans doute, quand tu étais Peuple, que lorsque tu as aspiré à peser dans tes mains inhabiles les destinées du monde, Parisiens, je mets Candide sous votre sauve-garde; et je me hâte de prononcer le nom de ce héros, qui vous fut cher, parce que quoique vous ne lisiez plus rien, à cause de lui vous lirez peut-être mon ouvrage.

DÉDICACE

Candide vous fut présenté pour la première fois, par le joyeux Auteur de la Pucelle, en 1760. Il était bien jeune alors, et vous l'accueillîtes : vous et lui, vous étiez également dans la saison des amours; il est tout naturel que le printems se plaise avec le printems : oh combien, depuis quarante ans, tous vos rapports sont changés ! le tendre amant de Cunégonde est devenu sexagénaire, et toi, Peuple protecteur du globe, il ne t'a fallu que dix ans de Révolution, pour arriver aux rides flétrissantes de la vieillesse : mais non, je me trompe peut-être ; Candide, avec son imagination de vingt ans, pourrait bien ne pas te paraître sexagénaire : pour toi, dix ans ne sont qu'un point dans ta grande et noble existence; j'aime à croire que tu as con-

servé ta fraîcheur et que c'est au verre hideux de la Révolution, que tu dois les apparences de la caducité : ici ce n'est pas l'objet qui trompe, c'est le télescope.

Ne t'attends pas, mon cher Athénien de Paris, de retrouver dans ces Mémoires le Paradis terrestre d'Eldorado, les amours de Cunégonde et de la Princesse de Palestrine : Candide, avec les huit nouveaux lustres qui surchargent sa tête, a perdu, sinon les graces de son esprit, du moins la fraîcheur, et si j'ose le dire le velouté de ses sens; il sait qu'il y a un âge pour parler à la raison, comme un autre pour parler au cœur, et qu'il serait aussi étrange de gouverner les hommes avec la jolie figure d'Alcibiade, que d'aimer les Cunégondes de la Westphalie, avec les cheveux blancs de *Nestor* ou de *Fontenelle*.

Le dirai-je encore ? quand même mon Héros seroit Anacréon, trouverait-il ici des Bathylle et des Glycère pour applaudir à ses chants d'amour ? Paris a abattu ses Temples de Gnide, il s'est apprivoisé avec des scènes de carnage, il pourrait rendre discordante la Lyre voluptueuse du chantre de Théos. Paris, depuis le 21 Janvier 1793, a je ne sais quelle odeur de sang qui fait fuir les Graces ; il traîna un jour ses Colombes même à l'échaufaud : ses Colombes !... Anacréon les plaçait sur l'Autel de Vénus, mais ne les égorgeait pas.

Candide s'est donc mis au ton de son

age et à la hauteur de son siècle ; il se joue toujours avec le fleuret de l'ironie ; car c'est l'arme de la gaieté que l'homme né plaisant n'abandonne jamais : mais cette ironie, il la porte sur les objets de la Politique, et il faut lui en savoir gré ; la Politique qui raisonne rend les mœurs féroces, tandis que celle qui joue les adoucit. Si la France n'avait constamment attaqué sa Révolution qu'avec l'ironie de Socrate et l'atticisme de son siècle de Louis XIV, elle n'aurait jamais eu de Gouvernement Révolutionnaire.

Les principales bagatelles, sur lesquelles s'exerce la verve de l'amant de Cunégonde, sont la liberté de penser et la paix : il aime la liberté de penser, pour faire un bon livre, et la paix pour le vendre : plus d'un homme de talent s'est fait un nom, en traitant de moins graves bagatelles.

Bon Peuple de Paris, on te dira qu'il ne doit y avoir de libre dans une République que la partie des hommes qui gouvernent : ne va pas croire cela, car il s'en suivrait que depuis une décade non de jours, mais d'années, tu aurais eu trente-deux espèces de liberté, car tu as déjà eu trente-deux espèces de gouvernemens.

On ajoutera qu'un grand Empire comme le tien, ne doit donner la paix à l'Europe qu'avec son épée, et on t'induira encore en erreur : l'épée, comme le génie de Shakespéar, joue avec les têtes couronnées

AUX PARISIENS. xlv

et ne les réconcilie pas avec les Républiques; elle fait taire les Lois, mutile les Arts, déchire les Etats et ne pacifie rien.

Au reste, sur toutes ces graves controverses, je m'en rapporte, mon cher Parisien, à ton sentiment intime, car j'imagine que tu es libre de penser ce que tu jugeras à propos, sur la liberté de penser, jusqu'à ce qu'un rescrit signé l'Empereur Tibère, ou le Calife Omar, ou le Général Henriot, fasse, de cet épanchement de l'homme de la nature, un délit de lèse-Gouvernement.

Quant à une seconde paix de Westphalie, à une espèce de paix éternelle, après laquelle soupirent les Philosophes, xlvj DÉDICACE AUX PARISIENS.

je te la souhaite, bon Peuple de Paris, et dussé-je finir comme un Sermon, je te la souhaite en *Numa*, en *Marc-Aurèle* et en *Fénelon*.—*Ainsi soit-il.*

Le Docteur EMMANUEL RALPH, *Professeur du Droit public dans une Ville Impériale où il y a un Droit public, et Membre de l'Académie de Turin, qui, malgré son Vice-Roi, a encore le titre d'Académie.*

www.ingramcontent.com/pod-product-compliance
Lightning Source LLC
LaVergne TN
LVHW022209080426
835511LV00008B/1656